SERMONS

PRONONCÉS AUX CÉRÉMONIES

De Vêture et de Profession religieuse

De Mademoiselle Céline DUVAL

EN RELIGION SŒUR CÉCILE AGNÈS

De la Visitation Sainte-Marie de Rouen, Premier Monastère

PAR

M. L'ABBÉ PRUDENT

Secrétaire particulier de Mgr l'Évêque de Carcassonne

ROUEN

IMPRIMERIE DE ESPÉRANCE CAGNIARD

rue Jeanne-Darc, 88

1883

SERMONS

PRONONCÉS AUX CÉRÉMONIES

De Vêture et de Profession religieuse

De Mademoiselle CÉLINE DUVAL

EN RELIGION SŒUR CÉCILE AGNÈS

De la Visitation Sainte-Marie de Rouen, Premier Monastère

PAR

M. L'ABBÉ PRUDENT

Secrétaire particulier de Mgr l'Évêque de Carcassonne

ROUEN

IMPRIMERIE DE ESPÉRANCE CAGNIARD

rue Jeanne-Darc, 88

1883

AVANT-PROPOS

—

La reproduction de ces discours est faite dans un double but bien modeste : on voudrait ainsi prolonger le souvenir de deux touchantes journées, et remettre sous les yeux des pensées chrétiennes entendues autrefois avec bienveillance.

Quelqu'un s'est dit : Dans l'écho de la parole annoncée alors, à travers les lignes où cette parole va se fixer, nous verrons se dessiner l'image de la jeune Vierge devenue l'épouse du Christ. Cela seul sera une joie de famille. Puisque l'affection qu'elle inspire semble grandir au foyer à proportion qu'on y jouit moins d'elle et que l'amour divin l'absorbe davantage, pourquoi ne se donnerait-on pas de toutes manières l'illusion de l'y retrouver ?

Un autre a pensé : ce qui fut dit hier a paru profitable; eh bien! livrons la goutte de lave refroidie, peut-être sera-ce encore profitable demain.

Ici l'intention est une religieuse expression de tendresse; là, une vague espérance de bien. — De meilleures excuses, si on en exige, pourraient-elles être invoquées?

*Aux témoins des deux belles cérémonies, que ces pages apportent donc une sorte de mémorial, l'*Hœc olim meminisse juvabit! *Quelquefois il leur suffira d'en entrevoir le titre, pour sentir encore ce dont ils furent si pénétrés : la présence de Jésus-Christ presque visible en ces moments solennels, animant tout de son souffle et tellement vivant dans l'âme qui se consacre à lui, qu'on croit voir passer sur son front le reflet de l'auréole divine. On est tenté, à ces heures, de s'écrier comme Marthe devant Marie : Le Maître est là,* Magister adest! *Son haleine vous effleure, une vertu sort de lui, le frôlement de sa tunique remplit toute l'enceinte du temple,* et ea quæ sub ipso erant replebant templum; *et comme tout cela fait heureusement tressaillir!*

Ceux qui ne furent pas présents alors trouveront-ils, dans ces humbles pages, un retentissement des émotions que les autres éprouvèrent ? On n'ose trop l'attendre, et pourtant on le désire ; nous venons de l'exprimer : il se dégage quelque chose de si bienfaisant du spectacle d'une vie qui s'offre toute à Dieu !

Si, par hasard, en s'égarant hors du cercle de famille, ces pauvres discours tombaient entre les mains de quelque personne prévenue contre les cloîtres, on demande à Dieu qu'elle n'en achève pas la lecture sans perdre un peu de son hostilité ou de son indifférence. Pourquoi cela ne serait-il pas ? L'improbable n'est pas l'impossible. Il n'est pas nécessaire pour obtenir ce résultat de dissertations en règle. Rien de tel ici assurément. Ni dogmatisme, ni discussion ; seulement des principes de foi rappelés à des gens de foi, des déductions de piété et de sentiment chrétien, des peintures d'âme, de l'analyse intime. Mais faut-il tant de choses pour que la grâce s'insinue en nous et nous touche ? Un accent du cœur quelquefois, et c'est fait. Au rebours de Pascal, on peut affirmer que le cœur a ses raisons que la raison doit savoir comprendre, et c'est assez pour se dire (M. Taine l'a fait dans une page qui est une sorte d'apologie) : le cloître a naturellement sa place marquée dans les sociétés modernes. Mais il y a bien plus ; la foi, à son tour, a ses raisons que le cœur ne peut pas contester sans s'insurger contre lui-même, et bienheureux les hommes chez lesquels il s'élève assez haut pour qu'ils se disent : le cloître suscite de trop beaux sentiments : il n'est pas d'institution humaine.

Toutefois, on s'en rend compte, espérer de quelques paroles chétives un effet si disproportionné à la cause, c'est présomption presque naïve. Eh bien, redescendons alors, et formulons pour tous un plus simple désir, à savoir que personne ne se rappelle les suaves matinées du 23 août 1882 et du 25 août 1883 sans remercier Dieu de montrer encore de belles âmes à notre siècle.

Les belles âmes ! sa Providence en fait largement le don à certaines familles auxquelles on peut appliquer vraiment cette parole de la sainte Ecriture, — et c'est leur gloire — « Dieu se fait parmi elles un jardin de choix, un délicieux parterre d'aromates, venit in hortum suum, ad areolam aromatum. » *Mais ces familles-là savent si bien le reconnaître comme le souverain des grands cœurs ! Aussi quand il leur reprend ce qu'il leur avait donné, elles ne s'étonnent pas ; n'a-t-il pas tous les droits du premier ami ? Il attribue aux belles âmes, comme aux Anges, la faculté de monter bien haut, l'élan contemplatif, l'essor ailé, et un jour elles s'envolent : mais c'est tout simple !*

Le Prédicateur pensait à cela quand il rappelait, il y a un an, le mot d'Anatole Feugère : « Donnez-moi des ailes ! des ailes ! » Il se permettait ainsi une allusion facilement comprise, et dont le sentiment inspirateur était : Que bénie est donc la famille où Dieu peut trouver coup sur coup deux belles âmes, l'une pour lui dans le ciel, l'autre pour lui sur la terre !

Ce n'est pas que ces départs ne laissent une douleur profonde, inoubliable. Mais croit-on que lorsque Dieu a cueilli la fleur, il abandonne la tige ? Un jour il passe, et dit : je viens pour consoler. Et alors une enfant nouvelle entre au foyer au bras du fils qui l'a choisie pour compagne ; elle fait revivre l'enfant envolée et toujours pleurée, et c'est un peu de charme qui renaît, c'est la plaie qui se ferme, c'est la plante qui est refleurie. Ah ! bénissons-le ce Dieu qui crée, donne, reprend les belles âmes ! « Et laissons généreusement nos enfants à la mercy de Dieu : il a bien laissé le sien à notre mercy ! » (Saint François de Sales.)

VÊTURE

23 Août 1882

Dum aurora finem daret... exclamavit dicens : Eia !... induimini arma lucis.

Aux dernières lueurs de l'aube elle s'écria... Allons ! revêtons les armes de lumière !

(*Brev. Rom.* Off. de sainte Cécile.)

Annulo suo subbarravit me Dominus Deus meus, et quasi sponsam decoravit me corona.

Le Seigneur m'a promis l'anneau royal, et déjà il m'a parée du diadème comme Fiancée.

(*Brev. Rom.* Off. de sainte Agnès.)

MA CHÈRE SŒUR,

C'est pour mettre la cérémonie présente sous de bien doux auspices, que j'ai placé ces deux textes au seuil de l'allocution qui la commence.

Deux saintes aimables, non moins chères l'une que l'autre à votre cœur, auront ainsi été comme les premières à élever la voix dans cette enceinte. Evoquées dès son premier accent par celui que vos pieux souvenirs vous ont fait désirer d'entendre une fois encore (et savez-vous quel est son bonheur de vous répondre ?) toutes deux, Cécile et Agnès — ce sont elles — vont descendre auprès de vous pour vous soutenir en ce grave instant de votre vie ; trop heureuses sans doute de voir en vous leur sœur et leur image pour ne pas vous couvrir avec amour de leurs ailes.

Du reste, quelles paroles, mieux que les leurs, pourraient traduire en ce moment vos pensées ?

« Ah ! le jour désiré luit enfin, dites-vous aujourd'hui comme elles ; que l'aurore semblait longue, qui précédait un matin tant attendu !... *Dum aurora finet daret, Cœcilia exclamavit !...*

« Bien loin de moi, désormais, les vêtements de ténèbres et les livrées du monde ! Si je m'en suis encore parée, c'est pour les mieux rejeter devant tous et proclamer que cette fois est la dernière ! Allons ! revêtez-moi de l'armure du Très-Haut et couvrez-moi du voile des vierges!... *Eia! induimini arma lucis!*

« Car voici venir le Dieu qui m'a captivée. Sa voix m'appelle; sa main se tend vers moi; l'anneau nuptial m'est promis, et déjà j'entrevois la couronne des fiancées. Jésus-Christ! je suis à Jésus-Christ!... *Annulo suo subharravit me Dominus Deus meus, et quasi sponsam decoravit me corona.* »

Ce jour est donc solennel, ma chère fille. Dans la liberté d'un choix depuis longtemps fixé, avec une raison sûre d'elle-même, après plus d'une épreuve et de longues réflexions sagement approfondies, sur des conseils dont quelques-uns sont venus de trop haut pour être discutés ; — grave, mais simple; calme, mais généreuse; sérieuse, mais ardente; — auprès de sœurs déjà affectionnées qui, depuis longtemps, parlent à Dieu de vous; sous le regard de parents et d'amis que domine une émotion nouvelle, mélange inexprimable, à votre vue, de tendresse et de respect, d'admiration et de mélancolie; — joyeuse enfin, pleine d'amour, transportée, vous allez élire publiquement une vie supérieure à la vie ordinaire des hommes et déclarer devant tous votre dessein de vous donner à Dieu !

Ah ! comme votre démarche est grande, chère enfant, et tous, nous comme vous, que nous sommes pénétrés !

Jour imposant, que celui des promesses sacrées! où le divin amour fait battre si délicieusement le cœur ! où c'est chose si enivrante de devenir la fiancée virginale, la mystique promise de son Dieu ! mais aussi où ceux qui restent poursuivent d'un si long et si tendre regard l'heureuse appelée qui s'envole !...

Comment, en de telles circonstances, égaler les mots aux pensées? et quel langage pourrait donc être autre chose qu'un bégaiement importun, trop au-dessous de tant d'émotions qui s'agitent ?...

Puisqu'il faut parler cependant, c'est en votre nom que je le ferai, ma Sœur. Si je sais trop de qui je tiens ici la place, si la pensée du pontife dont on avait pu espérer entendre la voix plus chère et plus autorisée fait trop sentir mon insuffisance, dès ce moment, ma Sœur, il vous appartient de tout combler; auprès du Ciel et auprès de cet auditoire il est impossible que vous ne soyez pas aujourd'hui la plus écoutée des inspiratrices.

I

Ce sont deux mouvements semblables et corrélatifs de Dieu vers une âme de choix et de cette âme de choix vers Dieu qui amènent celle-ci à la séparation de toutes choses, base et principe de la vie religieuse.

Par horreur du monde,

Par le besoin irrésistible qu'ont les cœurs

amis de s'isoler ensemble afin de mieux s'aimer,

Et, disons le tout de suite, par une sorte de jalousie surnaturelle,

Tous deux se font une nécessité de la réclusion monastique : Dieu pour y trouver plus librement sa brebis privilégiée et jouir d'elle; l'âme pour être tout'entière et plus uniquement à son Dieu.

Constater — en *Dieu* d'abord — dans l'*âme* ensuite, — ces trois sentiments pareils et voir que parallèlement ils conduisent l'âme au même but, c'est savoir l'origine et la raison du cloître.

En parler aujourd'hui, ma Sœur, ce sera dire à cette assemblée pourquoi vous êtes à cette grille et quel est l'objet de la cérémonie qui commence.

On comprend vite l'existence dans le cœur de Dieu du premier sentiment par lequel il pousse vers le cloître les âmes d'élite qu'il recherche, je veux dire la haine du monde.

Qui sait mieux que lui, en effet, quel milieu impur est notre humanité depuis la faute originelle? La Rédemption a bien racheté les offenses, mais elle n'a pas détruit les tendances; et le sang de Jésus-Christ n'a enlevé d'au milieu de nous ni la séduction qu'exerce toujours le vice, ni le bonheur honteux que nous sommes tous enclins à trouver dans le mal, ni notre orgueil immense et indéracinable, ni nos plus tristes passions natives, ni rien enfin de ce que la langue chrétienne a appelé inclinations mauvaises, tentations, concupiscence.

On peut dire justement que, depuis la chute, c'est un vilain cloaque que le cœur de l'homme; et s'il en est ainsi d'un seul, que faut-il penser des fils d'Adam réunis et de toute cette masse humaine qui compose le monde? Flot houleux, portant à sa cime quelques brillants reflets qui ne sont autre chose que de l'écume, et traînant éternellement en son fond les algues les plus impures et les plus viles scories.

Plus que personne Dieu sonde cet abîme : plus que personne, par conséquent, il a horreur de ses influences corruptrices.

Perfection souveraine, et souverain ami de l'innocence, que peut donc être, pour une âme destinée à lui appartenir spécialement, sa préoccupation première, sinon de la soustraire à notre atmosphère viciée et de tout mettre en œuvre, lui qui habille et conserve si bien les lys de la plaine[1], pour garder à ses amies leur vêtement de candeur virginal et immaculé.

Qu'il pense donc à créer dans un tel but, sur divers lieux de ce désert du monde, certaines oasis réservées où il enclora ses agneaux de choix ; qu'il veuille leur bâtir, comme de ses mains, des retraites à part bien fermées à tout souffle pernicieux ; qu'il rêve pour eux de chauds

[1] MATTH., VI, 28.

refuges, dont nul n'approchera s'il n'a évidemment la marque de l'élection divine et ne se montre bien clairement désigné par la grâce d'en haut pour faire partie du mystérieux cénacle : il est facile de le comprendre, et c'est là une suite naturelle et des prédilections de Dieu et de sa connaissance parfaite du mal inhérent au monde !

Mais pour Dieu, concevoir un dessein c'est le réaliser.

Celui-ci s'accomplira vite, car après ce premier sentiment d'où naît son désir, en voici tout aussitôt un second qui l'accroît : le besoin qu'a toute tendresse de solitude pour vivre et se développer.

Qui ne connaît cette loi psychologique, une des plus puissantes, assurément, et des mieux constatées ?

C'est un fait constant que l'affection, la plus idéale même et la plus céleste, cherche naturellement le mystère ! Le cœur est ainsi fait, qu'il ne se dilate bien qu'à l'ombre; c'est une fleur d'aurore ou de crépuscule : le grand soleil clôt rapidement son calice.

Dans la vie, que deviendrait, dites-moi, cette chose ravissante, l'intimité, si on prétendait la porter dans la pleine lumière du tableau, au lieu de la tenir soigneusement noyée dans le clair-obscur qu'elle demande? Elle serait vite évanouie! Et — pour ne rien taire, enfin, — quel est l'homme qui n'ait jamais fait le rêve le plus habituel des ardentes sympathies ici-bas? On se voit, on s'unit... et l'on imagine aussitôt une retraite isolée, une habitation à l'écart, toujours bien entourée de silence, baignée en quelque sorte dans un perpétuel demi-jour, où l'on pense déjà qu'on oubliera tout le reste, et sur le seuil de laquelle on pourra dire en entrant : « Qu'il fait bon vraiment dans ce petit nid « ombragé! C'est notre demeure d'élec- « tion; vivre ensemble et mourir là, « loin de la foule! » *Dicebamque : in nidulo meo moriar*[1]*;... hæc requies mea... elegi eam*[2]*!*

Fuite du monde, voilà donc le grand mot de l'amour : solitude, voilà la grande loi des âmes aimantes parmi nous ; non pas, certes, cette solitude vide où l'égoïste ne songe qu'à se repaître de lui-même, mais cette solitude digne et heureuse, parce qu'elle est partagée ; et qui ne l'a aimée, celle-là — penserai-je avec un écrivain du grand siècle — toutes les fois qu'il a eu près de soi quelqu'un auquel il pouvait le dire[3] ?

Or, notre cœur n'est que l'image du cœur divin : ce sentiment, Dieu l'éprouve.

C'est lui qui a dit dans l'Ecriture pour ses âmes privilégiées : « Je les conduirai

1 Job, XXIX, 18.

2 *Ibid.*

3 « La solitude est véritablement une belle chose, mais il y a plaisir d'avoir quelqu'un qui sache répondre, à qui on puisse dire de temps en temps que c'est une belle chose. » — Balzac.

dans la solitude, et là je leur parlerai mieux au cœur[1]. » Le doux bercail, obscur et restreint, où vous, gens du monde, vous réfugiez en songe vos purs tête-à-tête, quand vous aimez, lui se le compose réellement à son tour et il y mène ses plus chères brebis. Amant industrieux et sage, il sait comme vous, mieux que vous, — le mot est trop chrétien pour ne pas le dire — se bâtir son ermitage : *ædificavit sibi domum*[2]. Qu'il l'appelle monastère, couvent ou cloître, au lieu que vous, vous l'appelez foyer, que vous fait le nom, puisque le sentiment ne vous est pas étranger? Et s'il dit : Je veux qu'au seuil le siècle expire; s'il fait graver à la porte :

Ici viennent mourir les derniers bruits du monde[3];

s'il élève bien haut les murs comme une digue au bord de l'océan troublé qui nous

[1] Osée, II, 14.
[2] *Prov.*, IX, 1.
[3] Lamartine, *Méditations poétiques*.

emporte, et commande ensuite à la vague : « tu viendras seulement jusque-là[1] » ; si de son nid perdu dans les feuilles il veut faire une citadelle imprenable, y cacher ses colombes aimées, s'enfermer lui-même avec elles et s'écrier enfin (car ce mot résume tout) : le cloître ! oh ! « c'est bien là que mes yeux et mon cœur seront vraiment tous les jours[2] », comment contredire à de tels actes, puisqu'ils sont dans l'essence même de toute amitié ?...

Et maintenant, faut-il tout dire ?...

Avez-vous vu parfois cette loi d'isolement que j'analyse croître soudain et se transformer en quelque chose de plus fort et de plus violent ? au besoin de solitude succéder un principe d'exclusivisme ? l'affection tourner en passion et devenir... j'allais dire une tyrannie ?

Voilà, dans le cœur de Dieu, le troisième

[1] Job, XXXVIII, II.
[2] *Paralip.*, VII, 16.

et irrésistible sentiment qui fonde le cloître.

Ce n'est certes pas une chose inconnue parmi nous qu'un être qui, ayant déversé sur un autre être tout le flot de ses tendresses, ose décréter qu'à l'avenir celui-là n'appartiendra plus à personne. Dérober alors son trésor aux profanes, le défendre de toute approche, redouter les moindres larcins, ce sont, de la part de ce nouvel avare, des choses incessantes, une propension de chaque instant.

Excès certainement parmi nous que la jalousie (nommons-la), parce que nul, sur la terre, n'est ni assez bon, ni assez grand, ni assez excellent pour s'en permettre légitimement les exigences !

Mais supposez un être parfait; douez-le, par la pensée, de toutes les supériorités; prêtez-lui une beauté sans pareille, une puissance illimitée, une sainteté idéale; qu'il soit, de plus, maître universel et souverain incontesté; qu'il aime ensuite, ambitionne l'empire absolu sur le cœur d'un de ses sujets et décrète à son tour : celui-là n'appartiendra plus qu'à moi ; ne voyez-vous pas que le sentiment qui, tout à l'heure, était défectueux parce qu'il se trouvait dans des êtres infirmes, maintenant, parce qu'il vient d'un être parfait, ne sera plus que l'expression de la justice, le libre exercice d'un droit?

Mais cet être, il existe : c'est Dieu. Mais qu'il exige pour lui seul la possession de certains cœurs, c'est un fait, et j'en atteste après l'affirmation de l'Eglise le sentiment intime de ceux qui sont appelés. Mais que Dieu soit vraiment un Dieu *jaloux*, il le dit lui-même dans l'Ecriture[1], et faudrait-il ne pas l'en croire?...

Eh bien! qu'il les emporte donc, palpitantes et toutes vives, des bras qui les enlacent, ces âmes dont il veut faire, lui plus que tous, sa joie et ses délices! Qu'il choisisse à son gré et que ce soit, s'il le

[1] Exode, XX, 5. — XXXIV, 14.

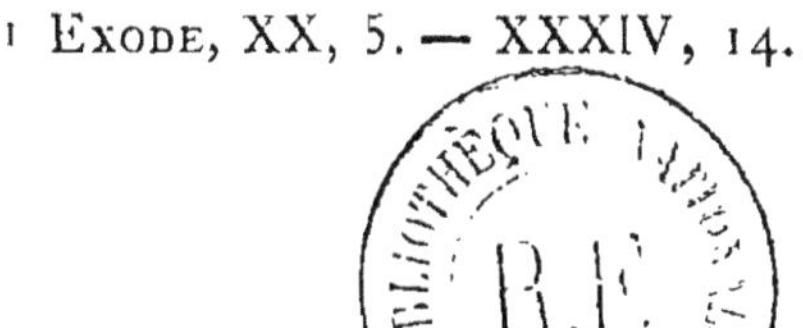

veut, les meilleures et les plus aimables!... L'élite nous sera ravie? il est le maître. Les plus attrayantes s'enfuiront? il a le droit. Il mettra comme en ruine les cœurs attachés à celles qu'il viendra prendre, et longtemps demeurera en nous le vide béant laissé par la plante déracinée? eh bien! nos cœurs après le sien. D'elles enfin il veut faire des épouses; mais à tout le moins faut-il que les épouses de Dieu, plus encore que celles de l'homme, soient tout entières à l'époux, à lui seul, rien qu'à lui; c'est le juste tribut de sa perfection, de son amour et de sa gloire. En ces choses, à Dieu le droit d'exigence et de jalousie; à nous, mes frères, la soumission avec plus de foi encore que de larmes; mes Sœurs, à vous l'honneur de poursuites ombrageuses qui, venant de la part d'un Dieu, découvrent non seulement la raison, mais aussi la sublimité du cloître!...

Pourquoi donc — je ne puis m'empêcher de le dire en passant — pourquoi, puisque tel est l'amour passionné de Dieu pour les âmes qu'il se réserve, notre société contemporaine ne sait-elle pas mieux comprendre quels hommages sont dûs à ces âmes et que ne revient-elle au respect envers les sanctuaires vénérables où elles vivent loin de nous!... De récentes et douloureuses profanations ont-elles mis d'invincibles ferments de colère dans le cœur du divin Epoux? Je l'ignore. Mais nous savons tous que l'amour a des vengeances terribles quand l'ennemi s'attaque à ce qu'il aime; nous savons que la Providence fait souvent aux peuples une condition de vie ou de mort de la présence en leur sein d'un nombre de justes qu'elle seule détermine; nous savons que sainte Thérèse a dit — et on peut le croire après elle : — *Quid de mundo nisi ob religiosos;* qu'adviendrait-il du monde s'il ne contenait plus, quelque jour, ni moines ni religieuses[1] ? Nous le savons, et nous avons crainte. Aussi, fasse donc le Ciel que la tempête, qui a déjà emporté plus d'une branche, ne renverse jamais parmi nous tout l'arbre monastique! Pour la France, ce serait à désespérer!

II

N'allez pas craindre, mes frères, que cette réclusion cherchée par Dieu pour son épouse soit à celle-ci un devoir douloureux. Non : comme elle est aimée, elle aime; c'est par conséquent son plus cher désir à elle-même que de vivre au sein du cloître.

Tous ces sentiments de haine du monde, d'amitié solitaire, de jalousie même : comme Dieu les éprouve à son égard, elle les éprouve à son tour à l'égard de Dieu; ils la conduisent donc au même but.

1 V. sa Vie.

Elle aussi a la haine du monde. C'est dans les âmes le caractère premier de toute vocation religieuse.

Oh! ne soyez pas tentés, trop expérimentés que vous pouvez être sur l'étendue du mal ici-bas, de sourire en vous demandant ce que peut bien être la haine de si jeunes âmes, toutes fraîches et toutes pures, pour des misères humaines qu'elles n'ont connues, ne connaissent et ne connaîtront jamais!

Loin de moi aussi la pensée de prétendre que le monastère n'est fait que pour les déçus, les impuissants et les blasés, sorte de pis-aller de je ne sais quelle noire misanthropie!

Est-il donc besoin d'avoir mis les lèvres à toutes les coupes avant de soupçonner quel en est le breuvage et de savoir élire pour soi la coupe de Dieu?

C'est une qualité trop lente à venir que certaine science de la vie. Si l'expérience n'est vraiment qu'une fleur tardive s'épanouissant dans la raison après seulement que celle-ci a sondé tous les abîmes, on peut dire alors que l'expérience est souvent bien distancée par la pure naïveté.

Pour moi, je ne sais rien de plus admirable, ni en même temps de plus profond, que les seuls instincts d'une enfant qui, ignorante de tout mal, ne sachant presque rien de l'existence, incapable de saisir ce que contiennent en leur fond le plus reculé ces mots de tentation, de péché, de concupiscence et — au sens où nous en parlons — de monde, en pressent toutefois la laideur, éprouve, pour des abaissements vaguement entrevus, d'insurmontables dégoûts, devine que plus d'un plaisir, même permis, recèle secrètement plus d'une déchéance, et, à l'âge où tout au dehors est séduction pour tant d'autres, aspire à se réfugier dans une vie où il ne sera plus question pour elle, elle le sent bien, que d'élévation, de vertu, d'honneur, d'amour pur, de dignité, de spiritualité !

O sublimes divinations de la candeur! Attraits célestes du beau et du bien! Fascinations irraisonnées, mais providentielles, de la virginité! Tertullien semble avoir murmuré à l'oreille de cette ingénue qui l'a pris au mot : « Le monde, c'est la prison; en sortir, c'est la liberté[1]! » O nobles fiertés! ô heureuses timidités! ô prudentes simplicités! c'est vous qui inspirez à une adolescente l'étonnante sagesse de jugements sur les choses de la terre que l'âge mûr pourrait souvent envier!...

Aussi, ne le trouvez-vous pas, mes frères? S'il est quelque part, ici-bas, un lieu où tant de fraîcheur se préserve, un sanctuaire où tant de grâce ne se déflore pas, un écrin où de tels trésors se gardent... ah! qu'elles viennent, qu'elles s'y réfugient, nos belles âmes candides! Prenez l'essor, ô innocences, détestez le monde

[1] AD. MART. n. 12.

et fuyez!... Laissez-nous : il est trop de hontes sur la terre! vos saintes ignorances ont trop de prix! trop rares sont vos intuitions préservatrices! Et vous, cloîtres, ouvrez-vous : soyez les asiles des vierges qui nous fuient; vous fixerez quelque temps sur les sommets de la terre les plus purs rayons de la beauté!

Du reste, elles-mêmes désirent cette solitude. Après Dieu qui la demande pour mieux jouir d'elles, elles la demandent pour mieux être à Dieu.

Vous connaissez la page admirable dans laquelle Bossuet peint pour une humble postulante de monastère l'histoire et les effets de l'amour divin [1]? Vous vous rappelez comme il parle de ce « trait qui vient « d'abord par le regard » et passionne l'âme tout à coup, puis de ce certain « ah! » d'admiration en face de la beauté suprême entrevue, puis de cette fascination prodi-

[1] *Lettres de direction.*

gieuse qui, par moments, ôte jusqu'à la parole ou ne laisse plus qu'un même cri sans fin : « O Jésus-Christ! ô Jésus-Christ! ô Jésus-Christ! »

Ce n'est guère là cependant que la naissance de l'amour divin. Mais tout aussitôt, pense le grand génie, il y a « un certain silence auquel l'âme se sent attirée » ; le besoin de solitude avec Dieu se fait jour, le désir du cloître commence à se dessiner...

C'est l'ordinaire histoire de toute âme appelée.

Si vous avez observé, avant qu'elle vous quittât, une enfant vouée plus tard à la vie religieuse, vous avez dû parfois surprendre en elle la recherche de ce « certain silence » extérieur. On dirait que son cœur lui fait une nécessité de pratiquer à la lettre ce mot de saint Martin : *Prima virtus et consummata victoria est non videri* [1], la vertu fondamentale, la victoire

[1] Sulp. Sev. *Dial. II*, n. 12.

suprême, c'est de se soustraire aux regards.

Non pas qu'elle fasse montre jamais d'austérité ni de mélancolie, oh! non; souvent, au contraire, avec sa piété qui grandit, une gaieté plus apparente se développe en elle; s'il le faut même, elle prend part à toutes les fêtes et s'y récrée. Partout, simplement, avec grâce, elle continue à s'ébattre comme une enfant qu'elle est, et, de temps en temps encore, elle inonde le foyer de famille de ses chants spontanés et de son frais rire de jeune fille.

Mais comme on voit déjà qu'elle est bien plus à l'aise quand elle peut, solitairement, j'allais dire à la façon de l'Evangile *porte close, clauso ostio* [1], prier, méditer, aimer, croire un moment, comme le disait sainte Thérèse, qu' « il n'y a plus « au monde que Dieu avec elle, et qu'elle « avec Dieu [2]! »

1 Matth., VI, 6.
2 Sa Vie.

Et si je disais, après cela, qu'elle aussi commence à ressentir quelque chose de ce que j'ai nommé les divines jalousies!

Impression étrange, sans doute, je dirais volontiers jalousie à rebours, qui lui fait désirer son propre esclavage, dans un genre de vie où il lui sera donné de ne plus s'appartenir à elle-même, de s'absorber en quelque sorte en son Dieu et de se jeter pour jamais dans l'Infini avec un élan qu'une chrétienne célèbre[1] exprimait, je crois, par ces termes : « une chute dans le sein de Dieu à corps et âme perdus! »

Oh! qui pourra rendre la force de ce sentiment, de cette soif, de cette passion de l'Infini, et de l'Infini seul, dans une âme profonde destinée au cloître? C'est celle-là surtout dont le P. Lacordaire a, d'un mot, tracé le portrait, lorsqu'il a dit : « Jésus-Christ seul a la mesure de notre

1 Mme Swetchine.

« être [1]. » Ce que saint Augustin pensait de tout amour, plus que tout autre l'amour de la future épouse de Dieu le réalise : il est « un poids violent qui l'entraîne; [2] » mais, en raison inverse de notre loi physique, ce poids la soulève et met d'étonnantes « ascensions dans son cœur [3]. » Ne lui apprenenez pas le mot de saint François de Sales : « si je savais dans mon « cœur une fibre qui ne fût pas à Dieu, je « l'arracherais aussitôt; » en vérité, ce ne serait rien lui apprendre; elle sent cela et le sait, car tandis qu'autour d'elle mille choses la sollicitent de « s'attacher à la « terre jusqu'au mépris de Dieu », elle, impatiente de tout lien, proclame bien haut qu'elle est jalouse de « s'attacher à « Dieu seul jusqu'au mépris de la terre [4]. »

Nobles envies, n'est-il pas vrai, mes

[1] *Lettres à des jeunes gens.*

[2] *Confess.*

[3] Ps. LXXXIII, 6.

[4] Aug. *De Civ. Dei.*

frères ? Émulations admirables ! Les belles et grandes âmes que celles où de pareils sentiments s'agitent !

Oui, redites-le bien, Jésus-Christ seul a la mesure de tels êtres ! Et s'il vous arrive d'en rencontrer de semblables, portant au front le signe des nostalgies célestes, dégoûtés de ce bas-monde avant l'âge, étrangers volontairement aux joies humaines, quoique promis en apparence aux plus belles joies humaines ; pris de jalouses indignations quand on leur parle de chaînes terrestres, d'amours naturelles, d'alliances choisies, de partage du cœur, de mesure enfin dans l'attachement à Dieu ; n'ayant qu'un idéal devant les yeux, Jésus-Christ ! qu'un nom sur les lèvres, Jésus-Christ ! qu'une passion dans le cœur, Jésus-Christ !... si vous rencontrez, dis-je, quelqu'un de ces êtres et que vous l'entendiez un jour pousser le cri des aspirations infinies : « Donnez-« moi des ailes, des ailes ! » Oh ! soyez-en sûrs, celui-là, Dieu le possédera bientôt! Heureux serez-vous alors quand, les ailes désirées, vos enfants ne les recevront pas tout à coup pour s'envoler dans le ciel éternel, mais seulement pour parvenir et disparaître dans le séjour que saint Jérôme appelait le ciel de la terre, le cloître : *Cœlum terrœ*[1] *!...*

Tel est donc, mes frères, chez Dieu et chez l'âme, le principe de la séparation qui commence la vie religieuse. Horreur du monde, recherche de solitude, jalousie et besoin d'exclusivisme : c'est un chemin que Dieu et l'âme parcourent en même temps, la main dans la main, et qui confine au même but.

Ma chère Sœur, ce but, vous l'atteignez aujourd'hui.

[1] *Ep. ad. Eust.*

Dans tout ce que je viens de dire, j'ai semblé ne parler ni pour vous ni de vous. En réalité, qu'ai-je fait pourtant, sinon votre histoire? Ah! Dieu me garde de vous trahir; je ne porterai pas au grand jour vos pensées intimes; mais qui ne sait pas, parmi nous, qu'une seule ambition vous a depuis longtemps dominée : le besoin d'être à Dieu sans réserve, et, autant que cela est possible, de l'aimer à l'infini.

Que le monde rêve donc encore ce que vous auriez pu lui être; qu'il déplore longuement ce qu'il perd en vous d'intelligence, de sagesse prématurée, de grâce aimable et surtout d'exquise bonté; c'est son rôle, mais superflue est sa peine. Ici, quoique les larmes soient près des paupières (et vraiment comment feraiton bien pour les tenir si longtemps refoulèes?), ici l'on est trop chrétien pour ne pas se sentir fier de vous donner à votre Dieu bien-aimé!

Oui, pendant qu'il vous dit : « C'est

« l'heure, je vais t'épouser dans la justice et la vérité[1] », un écho se fait entendre : dans ce sanctuaire, et là haut; du Ciel où l'on se penche vers vous, de cette enceinte où tous les yeux ont besoin de vous voir encore; ceux qui vous accompagnent visiblement à l'heure présente, ceux qui ne peuvent plus vous faire cortège que du sein de la gloire; votre digne famille de la terre, votre heureuse famille du cloître; tous se tournent vers Jésus et lui répondent : *Tibi sint sponsæ tuæ!* Eh bien! oui, nous vous la donnons, qu'elle soit bien à vous, votre épouse, ô Seigneur Jésus!

Je n'ai donc plus, pour moi, qu'à répéter le cri de l'Evangile : *Tunc clamor factus est : ecce sponsus venit*[2] *:* l'Époux! voici l'Époux!

En l'entendant, vous, ô vierge sage, promettez-vous de courir toujours à grands

[1] Osée, II, 14.
[2] Matt., XXV, 6.

pas, la lampe bien ardente, dans la voie de ces belles institutions de votre monastère où tous « les jougs sont suaves et les fardeaux légers[1] », où l'on ne sait, comme le bon Maître, que « rallumer la mèche fumante et redresser le roseau courbé[2] »; où, comme lui encore, on tient à être « doux et humble de cœur[3] », où l'on comprend que la sainteté n'est pas un héroïsme éphémère, mais une affaire minutieuse de tout instant; où la vertu — pour parler un peu à la manière de votre aimable saint — chemine toujours bellement et suavement, afin d'aller sécurément; où l'image de la sagesse enfin n'est pas, selon la remarque d'un vieil auteur, une figure « dépite et mineuse, sur un rocher à l'écart, parmi des ronces, fantôme à effrayer les gens », mais une figure sereine et douce, errant seule et silencieuse

1 MATTH., VI, 29.
2 Is., XLII, 3.
3 MATTH., XI, 29.

« dans des sentes ombrageuses, gazonnées et doux fleurantes [1]. »

Nous, en l'entendant de même ce cri, nous demanderons à l'Époux d'être toujours, à votre égard, tel que nous le dépeint la liturgie :

Sponsus decorus gratiâ,
Sponsisque reddens præmia [2],

beau, admirable, mais sachant surtout combler de dons ses fidèles épouses.

Vous le dirai-je? Il y a dans l'Écriture un mot capable d'effrayer pour vous les amis que vous laissez. Il y est parlé quelque part d'un Époux de sang : *Sponsus sanguinum tu mihi es* [3]... Votre Dieu serait-il jamais celui-là? O cœur ardent, dans vos ferveurs, libre à vous de le désirer. Mais pourquoi, hors de vos grilles,

1 Montaigne.
2 *Brev. Rom. Comm. Virg.*
3 *Exod.*, IV, 25.

encore enveloppé que l'on est dans les sensibilités humaines, pourquoi ne prierait-on pas Jésus de vous être plutôt ce royal amant du saint Cantique tout prêt à couvrir ses fiancées « de fruits et de fleurs quand elles languissent d'amour[1] ?... »

Ma chère Sœur, on a écrit, de nos jours, dans un livre consacré à l'histoire des Moines d'Occident, un chapitre fort gracieux sous ce titre : « *Le bonheur dans le cloître.* » Le lirez-vous jamais? Je ne sais; mais dans un monastère où, plus encore par inclination de cœur que par charité chrétienne, on vous a déjà entourée d'une affection si haute, vous pourrez toujours mieux faire : ces pages, traduisez-les en actes! C'est le vœu de toute cette assemblée, qui me pardonnera de me faire son interprète; ç'a été depuis six mois (à votre tour vous souffrirez que je le dise) un fait déjà accompli et heureusement constaté de tous;

[1] *Cant.* II, 5.

et pourquoi ne l'ajouterais-je pas enfin? ce sera dans l'avenir le meilleur soutien peut-être du cœur généreux dont vous partagiez naguère si fructueusement la vie, qui vous a donnée avec tant de foi à Jésus lorsque l'heure en est venue, et qui ne demande plus, pour récompense et consolation de son sacrifice, que de vous savoir toujours la joie au cœur et le sourire aux lèvres!...

Et maintenant, haut les cœurs! *Sursum corda!*... J'entends les pas du Bien-Aimé qui approche; c'est l'heure, enfant, courez à sa rencontre. *Exite obviam ei*[1] *!*...

Et vous, ne tardez plus, ô Christ, car l'Esprit et l'épouse s'écrient : Venez!... *Et spiritus et sponsa dicunt veni*[2] *!*... Et tout cet auditoire, ému jusqu'aux larmes, y consent et vous appelle : *Et qui audit dicat : veni*[3]...

[1] Matth., XXV, 6.
[2] *Apoc.*, XXII, 17.
[3] *Ibid.*

Mais silence! voici qu'à son tour l'Époux élève la voix! C'est lui! Il dit : Je viens! *Etiam venio cito! Amen*[1] *!*

[1] *Apoc.*, XXII, 17.

PROFESSION

25 Août 1883

Venerunt nuptiæ Agni.
Voici les noces de l'Agneau.
(Apoc., XIX, 7)

Ma chère Sœur,

L'heure est donc venue de vos noces spirituelles! Des noces!... Si étrange que ce mot puisse paraître en une telle circonstance, pourquoi ne le prononcerai-je pas résolument? Je l'emprunte aux saintes Écritures, il plaît à votre âme divinement éprise, et je ne sache pas de plus exacte dénomination à la cérémonie qui nous rassemble.

Naguère déjà, nous fûmes témoins de vos saints désirs. Il y a une année à peine que vous nous apparaissiez à cette même grille dans vos dernières parures du monde, blancs vêtements que vous rejetiez avec mépris. Vous nous disiez bien haut — et avec quelle joie? nul de nous ne l'a oublié — que vous vouliez vous enfermer pour toute votre vie dans la maison du Seigneur[1]. Vous juriez déjà d'être toute à lui; et je me souviens qu'afin d'expliquer ici les sentiments qui vous poussaient avec Jésus vers le cloître, je ne pus, comme vous, parler moi-même que d'amour sacré.

C'étaient alors les heureuses promesses des fiançailles : aujourd'hui elles s'achèvent. Les jours se sont écoulés; l'épreuve a pris fin; le noviciat n'a fait qu'accroître vos ardeurs en révélant une fois de plus l'évidence d'une vocation certaine : votre Dieu est sûr de vous. Et une seconde fois nous voyons que le Tout-Puissant fait

[1] Ps. XXVI. 14.

pour vous de grandes choses [1]; le contrat se signe, l'alliance s'accomplit; des liens se rivent, que trois vœux éternels vont rendre indissolubles. C'en est fait : avec vous nous faisons les noces de l'Agneau, *venerunt nuptiæ Agni*.

Vous allez donc être Épouse, ma chère Sœur. Et, cette année encore, c'est à moi que votre filiale affection demande de rappeler à cette pieuse assistance quel idéal vous essaierez d'atteindre en vertu de votre nouveau titre. Que Dieu me soutienne, et que l'on me pardonne de n'avoir pas su résister à votre appel malgré mon impuissance!

En trois mots Dieu a jadis défini l'épouse de l'homme. « Il n'est pas bon « que l'homme soit seul : Faisons, dit-il, « une aide qui lui ressemble, *adjutorium* « *simile sibi* [2]. »

Autre n'est pas l'épouse divine.

1 Luc, I, 49.
2 *Gén.*, II, 18.

A l'avenir vous serez — premièrement l'aide de Jésus, — et secondement vous vous efforcerez de lui devenir semblable.

Ainsi se résumera toute votre vie.

I

Jésus est venu accomplir deux œuvres ici-bas : rendre à Dieu, au nom de la créature, un culte religieux digne de Lui, puis racheter l'humanité coupable.

Avant tout, le culte.

Il appartient à l'Être parfait de chercher en toutes choses la perfection, c'est-à-dire lui-même. Il est de son essence, par conséquent, d'être loué partout où apparaît sa personne ou son empreinte. Au Ciel, s'ils sont trois en une seule substance, c'est pour se rendre l'un à l'autre témoignage[1]. Hors du Ciel, à quoi bon la création, la terre, les astres, les hommes, s'ils ne

[1] I JEAN, V. 7.

racontent pas la gloire de Celui qui les a créés [1]?... Or, parmi nous, l'expression de cet hommage dû à Dieu, c'est ce qu'on appelle le culte, ou la prière, ou les rapports de religion.

Toutefois, quelle religion que celle d'une humanité déchue! Et, fussions-nous même immaculés, quel pauvre hommage encore que le nôtre, placés que nous sommes à une si incommensurable distance de notre auteur!

Et pourtant que ce serait une chose admirable si, par un secret miracle, l'homme quoique fini, quoique déchu, pouvait un jour offrir à Dieu une prière vraiment acceptable et digne de lui!...

L'Éternel le voulut. Jésus vint. Il fut homme, il fut Dieu; dans sa double nature, il regarda son Père, et il s'écria : me voici [2]. Il loua, il pria, il adora. Telle fut

1 *Ps.* XVIII, I.
2 *Héb.*, X, 7.

sa première œuvre. Comme il est là haut le Verbe, l'harmonie, la voix divine, il fut ici-bas — on l'a dit avec profondeur — le *Religieux de Dieu* [1] !

Il n'en a pas voulu garder pour lui seul tout l'honneur. Il a cherché, il cherche encore, il cherchera jusqu'à la fin des temps des âmes dévouées qui acceptent de se consacrer à sa mission sainte, qui s'identifient à son œuvre, qui l'accomplissent avec lui, en lui, par lui et pour lui.

Ces âmes, il les trouve. Il les a fait naître ici-bas marquées au front d'un divin signe : il les reconnaît entre mille. Et un jour il les prend, il les enferme à l'écart, il les transforme, il les agrandit, il les surnaturalise, il les pétrit de ses mains comme le premier limon qui fut l'homme, et quand, de cette statue vivante sculptée amoureusement par lui et par lui animée d'un nouveau souffle, il a fait la réalisation

1 M. Olier.

de son rêve, alors il s'enthousiasme devant elle, il s'applaudit à sa vue, il s'exalte, si j'ose ainsi dire, il lui montre le rôle d'Adorateur éternel qui fut et demeure le sien, et il lui dit : « Va maintenant, et parle à ton tour, ô ma bien-aimée; parle au nom de tes frères, et loue Dieu avec moi; parle au nom de ta famille et prie avec moi; parle au nom de l'Église entière et adore avec moi. Tu seras à l'avenir quelque chose de sacré, temple intelligent, ciboire céleste, ostensoir animé. Tu m'appartiens : vis donc de prières et deviens officiellement mon aide, sois *Religieuse de Dieu* avec moi. »

Et en effet, c'est le premier devoir et la première gloire de l'épouse divine : perpétuellement elle prie.

Ah! mes frères, on a de nos jours tenté de symboliser dans une œuvre d'art célèbre le culte chrétien, l'acte de religion, la Prière[1]. On a fait une jeune fille humble

[1] Une des quatre admirables statues qui ornent le tombeau de Lamoricière, par Dubois.

et candide; dans son regard la pureté s'allie à une flamme ardente; son visage est tourné vers le Ciel et dans tout son corps on sent je ne sais quel soulèvement qui fait penser à un essor angélique et remet en mémoire le mot de l'Écriture: « Donnez-moi des ailes comme à la colombe et je m'envolerai [1]... »

C'est beau! eh bien, c'est incomplet.

La vraie personnification de la Prière, elle est ici; la voilà! C'est une âme virginale, simple, ardente, oui; mais c'est aussi quelqu'un qui, en vertu d'une consécration officielle donnée en haut et acceptée en bas, a fait de son être tout entier une adoration, une louange, une religion vivante. La personnification humaine de la Prière, c'est l'Épouse sacrée de Notre-Seigneur; c'est vous, ma Sœur: vous êtes Religieuse de Dieu avec Jésus-Christ!...

[1] *Ps.* LIV. 7.

En même temps qu'il loue, l'Homme-Dieu rachète. La seconde œuvre de Jésus en ce monde, c'est la Rédemption des offenses.

Comment il l'accomplit, vous le savez; et c'est le dire suffisamment à vos âmes que de vous rappeler seulement Gethsémani, le Prétoire, le Calvaire, le dernier cri de l'Agonie sur la croix et le *Consummatum est* qui a tout achevé.

Par quel prodige se fait-il que dans une pareille œuvre — complète cependant, et parfaite — il y ait de mystérieuses lacunes, des inachèvements incompréhensibles, des vides étranges que nous, par nos souffrances, nos larmes, nos sacrifices, nos mortifications volontaires, nous puissions parvenir à combler? Je ne sais; mais saint Paul l'affirme et cela suffit [1].

A la Rédemption unique de Jésus sur le Calvaire, il s'en joint donc une autre,

[1] *Coloss.*, I, 24.

journalière, de tous les instants; puissante elle aussi, efficace elle aussi, et, puisqu'elle continue la sublime Rédemption d'il y a dix-huit siècles, disons-le, quoiqu'elle émane de pauvres êtres comme nous, divine encore, elle aussi!...

Sublime honneur laissé à la foi des âmes vraiment chrétiennes!... A côté de l'humanité qui offense, il y a donc, ô mon Dieu, l'humanité qui compense!... « J'ai dit : vous êtes des dieux, s'écriait le Prophète, et tous les fils du Très-Haut!... *Dixi : Dii estis, filii Excelsi omnes*[1]... » Eh bien, oui! Oui, ô Christ! quand je considère que moi, avec mes misères natives, j'achève pourtant par mes souffrances votre Passion à vous ; que je fais votre plus grande œuvre d'Homme-Dieu; que moi aussi je réconcilie les pécheurs; que moi aussi je fais s'embrasser en Dieu la Justice et la Miséricorde éternelles; que moi aussi je

2 *Ps*. LXXXI, 6.

suis Sauveur pour les âmes égarées et les brebis perdues de la maison d'Israël[1];... oui, ô mon Dieu, — et la chose est trop grande et trop réelle pour que vous ne me permettiez pas cette surnaturelle fierté, — oui, j'accepte l'éloge glorieux du Prophète; oui, je vous continue; oui, je vous suis une humanité de surcroît; je suis vous; je suis Jésus, et si c'est trop dire, je suis au moins l'*aide* de Jésus!

Et l'on s'étonnerait, après cela, que quelques âmes d'élite aient plus particulièrement sur la terre ce rôle de choix! Et l'on ne comprendrait rien au sentiment qui le leur ferait désirer à elles-mêmes! Quoi! Dieu jetterait un jour, à la surface des mondes ce cri admirable : « Qui veut se constituer toute sa vie le Sauveur de l'humanité avec moi? » Et il n'y aurait pas, malgré les lâchetés de notre nature, des cœurs ardents capables de bondir à

1 MATTH., XV, 24.

cette parole et de répondre : « Me voici, Seigneur, pour faire votre volonté. *Tunc dixi : ecce venio ut faciam, Deus, voluntatem tuam*[1]?... »

Grâce au Ciel, il en existe, de ces cœurs! Et avez-vous remarqué que c'est précisément dans les siècles de décadence, aux heures de corruption, quand le flot des hontes semble tout envahir; que c'est alors, dis-je, — dernier bienfait et suprême délicatesse de la Providence, — qu'il s'en présente en plus grand nombre à Dieu pour souffrir avec lui?

On a dit que la vie religieuse n'a jamais été plus florissante qu'en ce siècle, siècle de persécution, pourtant, de plaisirs coupables, d'impiété forcenée. Et savez-vous pourquoi? C'est que jamais, sans doute, nous n'avons eu plus besoin de rédemption.

O beauté des divins mystères! Voilà

1 *Hébr.*, X, 9.

une enfant qui quitte le monde, abandonne tout à coup son foyer, s'arrache aux cœurs les plus aimants et les plus aimés, s'enferme dans un cloître pour toute sa vie : A quoi aspire-t-elle donc? Que veut-elle? Qu'ambitionne-t-elle? Le repos? l'étude facile de la vertu? la préservation assurée de l'innocence? le bonheur dans la paix et dans la sainteté?... Oui, mais aussi le sacrifice! Et, — elle le sait bien, — là, comme ailleurs, on le trouve; mais surtout, là, plus qu'ailleurs, on l'aime...

Sans doute il est de foi, d'après saint Paul, que l'état des vierges apporte plus de vraies joies à l'âme qu'aucun autre [1]; sans doute on se donne à Dieu avec délices, on est chaste avec délices, on prie avec délices, on travaille avec délices; mais n'est-ce donc rien que de vivre à jamais dépendante, humble, pauvre, soumise,

[1] *Cor.* VII, VII, 34, 37.

dénuée, mortifiée; sans liberté, sans volonté, sans propriété, sans personnalité?

Oui, la Croix est plantée au milieu des monastères; oui, sous les roses de votre diadème d'épousée, ô ma Sœur, il y a des parcelles sanglantes de la couronne d'épines... Mais la terre se corrompt; mais des plaies hideuses rongent la société; mais le péché déborde et nous menace de la colère divine; mais le monde se décompose et l'abîme se creuse pour nous ensevelir: Ah! nous avons besoin que la Rédemption se continue pour nous et s'achève... A l'œuvre donc, ô ma fille! Aidez l'Époux qui fléchit en montant au Calvaire. Sa Croix, prenez-la : elle est d'un bois dûr et noir, mais « vous la ferez toute d'or, dit saint François de Sales, avec vos yeux d'amour[1]. » Ses épines, cueillez-les; « bâtissez-en votre nid, et là, vous conseille encore votre cher Saint, là, comme un

1 *Ep. spirit.*

rossignol dans son buisson, chantez[1] » résolûment : Vive Jésus !...

Courage ! Être épouse de Jésus, c'est *aider* Jésus ; mais aider Jésus, c'est souffrir avec lui ; c'est expier, c'est racheter le monde avec lui : quelle mission pourrait donc égaler la vôtre ?...

II

Ainsi, ma Sœur, vous aidez l'Époux divin.

Il met aussitôt la récompense près du sacrifice : en l'aidant, vous lui devenez semblable, *adjutorium simile sibi*.

Il ne s'agit pas (j'ai à peine besoin de le remarquer) de similitude de nature ou d'égalité de vertu, mais seulement de cette ressemblance qui est établie entre les âmes par l'amour. Quand on aime ici-bas, on copie volontairement, et parfois même à

1 *Ep. spirit.*

son insu, l'objet de son affection. Transportez ce sentiment dans l'ordre spirituel, c'est ce dont je veux parler.

Or, le premier degré de la ressemblance avec Jésus, l'homme nouveau, consiste à ne rien garder en soi du vieil homme. Ressemblance négative, si l'on veut, mais première condition nécessaire d'une plus réelle ressemblance. Assurément ce n'est pas la condition la moins difficile.

Les âmes qui s'essaient à cette œuvre connaissent ce que représente d'efforts et de labeurs la victoire définitive — à supposer qu'elle le soit jamais — sur ce « fort armé établi dans notre demeure[1] » dès le premier jour, et qui s'appelle le vieil homme. En effet, orgueil, égoïsme, vanité, misères des sens, faiblesses de l'imagination, jalousies du cœur, susceptibilités, défauts de caractère, inclination au mal sous toutes ses formes, le vieil homme est

1 Luc, XI, 12.

tout cela; mais tout cela constitue aussi le fond et la substance de notre âme, notre personne même, notre *moi* enfin; et s'il n'y a « rien de plus haïssable que le moi [1], » il est vrai de dire aussi qu'il n'y a certainement rien de moins haï, et je vous demande alors : est-ce une grande chose de ressembler à Jésus quand, pour premier devoir il faut, selon le mot d'un vieux philosophe, commencer par « se ravoir de soi [2]! »

Quelques âmes y parviennent, et il en est ici, car il n'y a pas ici de préoccupation plus constante!...

On se demande parfois quels peuvent bien être les pensées, les sentiments et l'habituel mouvement d'âme d'une Religieuse pendant toute une vie monastique naturellement exempte des mille riens qui nous absorbent dans le monde. L'explica-

[1] PASCAL.

[2] MONTAIGNE.

tion du mystère, le voici. La Religieuse, s'étudie jusqu'en ses plus obscurs replis, elle est aux aguets contre elle-même, elle se livre une perpétuelle bataille : c'est tout. Cela commence dès qu'on met le pied sur le seuil du cloître; le noviciat s'y applique sans relâche et tout le reste de l'existence continue.

Ici, on se connaît soi-même, et on se renonce; on voit ses misères, et on se déteste; on épie ses imperfections, et on les détruit.

Après cela, Dieu peut descendre et regarder dans le cristal purifié du cœur, il le verra reproduire son image.

Ah! mes chères sœurs, le monde s'effraie quand il vous voit, à la fleur de la jeunesse, vous étendre sous un linceul et mourir par avance : il ne sait pas de quel mystère ce trépas apparent est le magnifique symbole, ni quelle glorieuse résurrection il appelle...

Chère enfant, nous n'aurons point de

larmes vaines quand vous semblerez mourir tout à l'heure devant nous, ou s'il en faut permettre à un sentiment légitime, notre cœur s'élevera du moins avec le vôtre et notre foi saura comprendre.

Ce qui succombe ici, dirons-nous, ce n'est ni une jeunesse charmante, ni une forme humaine pleine d'attrait, ni une intelligence heureuse, ni un cœur généreux et élevé : non, la grâce ne supprime pas ces dons de Dieu, elle y ajoute au contraire et elle les transforme.

Ce qu'on veut anéantir en vous, c'est le vieil homme, c'est l'amour-propre, le sens humain, l'imperfection, le moi, le moi détestable, le moi hideux, le moi plein de laideurs et de périls. Et pourquoi? Pour que le phénix renaisse aussitôt de ses cendres, pour que, sur les ruines amoncelées, quelque chose de plus beau se construise; pour que, morte à elle-même, l'Épouse n'ait plus rien de terrestre, reflète mieux le visage de l'Époux et puisse commencer à lui être vraiment semblable. Non, ne pleurons pas : une pareille mort, c'est un gain ; « *mori lucrum*[1]. »

La toile ainsi préparée, Jésus se penche sur elle et y peint sa physionomie.

Avec quel art, qui pourrait le dire ?

La merveille, c'est la manière dont il diversifie son œuvre sans jamais la changer. Il accuse ici tels de ses traits ; ailleurs ce sont ceux-là qu'il estompe. Il se fait voir austère dans la Carmélite, par exemple ; il est misérable chez la Clarisse ; pénitent chez la Dominicaine. Mais, quoi que ce soit qu'il mette surtout en lumière, partout son image éclate en relief : c'est sa ressemblance ! c'est bien lui !

A la Visitation, Jésus montre surtout sa douceur ; il y est « aimable et encore aimable[2]. »

S'il était permis aux chrétiens d'ajouter,

1 *Philip.*, I, 21.

2 S. François de Sales. *Ép. Spirit.*

selon les milieux, quelque chose à son nom, on ne pourrait dans ces murs (ainsi faisaient ses contemporains, au dire d'un saint Père), que l'appeler : « Jésus, la douceur de Marie [1]. »

Jésus, ici, c'est « cette sagesse claire et limpide, se montrant toujours, dit l'Écriture, avec un visage riant [2] » : c'est cet Homme-Dieu qui ne voulait pas qu'on prononçât même un mot impatient contre son frère, *raca* ou *fatue* [3]; c'est ce bon Maître qui appelait tendrement ses disciples — des hommes mûrs ! — mes petits enfants [4]. Que dire enfin ? Il faut employer le langage de votre saint fondateur, mes Révérendes Mères, et rappeler ce mot connu : Ici, c'est le grand Bénisseur et « le grand Unisseur, Jésus [5] ! »

1 S. EPHREM.
2 SAP., VI, 17.
3 MATTH. V. 22.
4 MARC., X, 24. — JOAN., XIII, 33.
5 Ep. spirit.

Aussi écoutez; la Visitandine parle. Elle a — non moins que l'épouse dont parlent les Psaumes — la grâce répandue sur les lèvres, *diffusa est gratia in labiis* [1]; et il est visible que la sagesse, pour paraître dans ses discours, prend une charmante parure d'amabilité qu'elle n'a pas toujours ailleurs : *sapiens in verbis se ipsum amabilem facit* [2]. — Mais, dites-moi, est-ce autrement que devait parler Jésus?

Regardez : la Visitandine agit. Sa règle veut qu'elle le fasse avec je ne sais quoi de posé, de modeste, de contenu dans le maintien, et j'allais dire avec ces mouvements nécessairement gracieux que certains théologiens affirment être l'apanage des esprits célestes. — Est-ce autrement, dites-moi, que devait agir Jésus?

Regardez encore : la Visitandine pleure.

[1] *Psal.*, XLIV, 3.
[2] *Eccl.*, XX, 13.

Il faut bien qu'elle passe par ce chemin comme nous tous. J'ai dit ailleurs qu'elle devait être, qu'elle était l'ardente amie du sacrifice : il est donc bien naturel qu'elle gémisse à ses heures. Elle le fait, et avec de bonnes vraies larmes, et je n'aurai pas le mauvais goût (quelque grâce que je veuille lui trouver en toutes choses) de citer à son propos le fameux mot d'Homère, pour faire croire que « dans ses larmes il se glisse toujours un sourire[1] »; mais j'imagine que lorsqu'il la voit ainsi, saint François de Sales accourt et lui murmure à l'oreille : Ma fille, il faut pleurer si bien qu'à votre aspect on soit tenté de dire : *Beati qui lugent;* bienheureux ceux qui pleurent[2]. — Est-ce autrement, dites-moi, que devait pleurer Jésus?

Enfin, achevons rapidement ce tableau. Douceur envers soi-même, douceur en-

[1] *Iliade*, VI.
[2] MATTH., V, 5.

vers les autres; douceur envers la souffrance, douceur envers la joie; douceur envers le mépris, douceur envers l'estime; douceur envers le travail, douceur envers l'impuissance; douceur envers la vie, douceur envers la mort : de qui est ce portrait? D'une sœur de la Visitation ou du Sauveur Jésus?

Ah! mes Révérendes Mères, l'antiquité, au jour où elle célébrait un mariage, mettait sur la bouche de l'épousée un mot charmant qui semblait indiquer qu'une fois enchaînée à celui qui l'avait choisie, elle ne voulait presque plus laisser de distinction entre eux deux; elle disait : — c'était la parole officielle de son consentement — « A toi ma vie, là où tu seras Caïus, je serai Caïa. »

Les Pères de l'Église imitaient-ils cette formule lorsqu'à propos de l'union mystique du Christ et des vierges, ils disaient aussi : *Ubi sponsus, ibi sponsa?* Je ne sais. Mais, j'ose le dire, soyez une religieuse parfaite, ma chère Sœur ; livrez bien votre âme à l'Époux sacré, ô virginale épouse ; et, entre lui et vous, la distinction deviendra légère au point d'être inexprimable ; et ce sera trop peu que de parler de ressemblance ; il ne sera plus même question d'Époux divin ou d'Épouse divine : ici et là nous ne verrons plus que Jésus.

Que cela soit, ma chère Sœur ! C'est, nous le savons, l'idéal de votre belle âme ; et c'est aussi, vous n'en pouvez douter, l'ardent désir de tous ceux qui vous entourent aujourd'hui.

Il serait long de vous parler de tous nos vœux. Sainte Agnès, la chère patronne qui vous accompagne invisible, nous redirait peut-être : « *Nonne sibi injuria est expectare placituram*[1] : n'est-ce pas of-

[1] S. Ambr. *De Virg.*

fenser l'Époux que de lui faire attendre l'âme qui doit tant lui plaire?

Qu'il me suffise donc de penser avec une prière autorisée par l'Église :

« Ayez Jésus près de vous pour vous défendre : *Dominus Jesus-Christus apud te sit ut te defendat;*

« Derrière vous pour vous protéger : *Post te sit ut te custodiat;...*

« Au dedans de vous pour vous inspirer : *Intra te sit ut te deducat;*

« Au-dessus de vous pour vous bénir et vous couronner : *Super te sit ut te benedicat*[1]*;* »

En un mot, Jésus vous soit tout en toute chose comme vous êtes tout pour Jésus.

Prenez ces souhaits, ma Sœur, et rendez des prières.

Religieuse, épouse, aide de Jésus, vous

[1] Liturgie dominicaine. Cérémonial de la Profession religieuse.

êtes dès maintenant l'ange intercesseur de tous ceux qui vous ont aimée. J'oserais dire : vous êtes constituée la médiatrice de votre famille auprès de Dieu, si, auprès de Dieu, votre famille, où tant de vertus chrétiennes abondent ainsi que tant de bonnes œuvres, n'était pas de celles qui ne peuvent avoir besoin de médiatrice.

Toutefois, il est une demande qu'on ne fera pas et qui vous revient : c'est que...— mais me pardonnera-t-on d'exprimer cette pensée? et pourtant quel prédicateur de l'Evangile serais-je donc si je ne l'osais pas? — c'est que, dans la distribution des épines réservées aux vôtres, il plaise à Dieu d'accroître un peu votre fardeau pour un peu diminuer le leur. Vous y avez droit ; c'est votre part. Le Ciel vous dit que c'est la meilleure [1].

Allez donc, ma fille, et soyez toute à Dieu.

[1] LUC. X, 40.

Vous, mes frères, que votre foi soit généreuse et glorifie Celui qui veut bien, d'une âme simple de jeune fille, se faire une épouse et une aide semblable à lui.

Croyez-moi; en ce moment plus de louanges que de regrets!

Quand la fille du grand chrétien de ce siècle qui a écrit l'histoire de nos Moines fit sa profession religieuse au Sacré-Cœur, elle aperçut soudain, pendant la cérémonie, le visage de son père couvert de larmes. Aussi tout était à peine terminé qu'elle courut à sa rencontre et (le trait est bien familier peut-être, mais la foi le relève) et, avec un geste simple et un air innocent d'enfant aimée, elle lui prit la tête entre les mains, l'embrassa et lui dit : « Allons, ne querellez pas votre gendre, c'est le bon Dieu [1]! »

Ma Sœur, je n'ignore pas avec quelle foi

[1] Cf. Augustin COCHIN, par M. de FALLOUX. Lettre écrite au second par le premier au soir de la cérémonie.

digne des anciens âges chacun des vôtres s'associe à vos noces spirituelles, depuis l'aïeul vénéré que rien ne brise, jusqu'à la mère si pieuse qui loue Dieu de tout ; mais pourquoi ne demanderais-je pas qu'avec vous aussi l'on se réjouisse ?

On a droit d'être fier :

« Celui que vous faites entrer aujourd'hui dans votre famille, c'est le bon Dieu ! »

IMPRIMÉ A ROUEN

PAR ESPÉRANCE CAGNIARD

www.ingramcontent.com/pod-product-compliance
Ingram Content Group UK Ltd.
Pitfield, Milton Keynes, MK11 3LW, UK
UKHW022132190726
13855UKWH00003B/1103

9 782013 0723